Vente du Lundi 27 Mars 1876.

ŒUVRES

DE

MARIUS RAMUS

MARBRES

ET

TERRES CUITES

Vendus avec le droit de Reproduction

<table>
<tr><td>COMMISSAIRE-PRISEUR,
Me CHARLES PILLET,
10, rue de la Grange-Batelière.</td><td>PEINTRE-EXPERT,
M. HARO ✳,
14, rue Visconti, et rue Bonaparte, 20,</td></tr>
</table>

1876

CATALOGUE

DES

ŒUVRES

DE

MARIUS RAMUS

Statuaire

MARBRES & TERRES CUITES

DONT LA VENTE AURA LIEU

HOTEL DROUOT, SALLE N° 1

Le Lundi 27 Mars 1876,

A DEUX HEURES.

M. CHARLES PILLET,	**M. HARO,** ✻
COMMISSAIRE-PRISEUR	PEINTRE-EXPERT
10, rue de la Grange-Batelière.	14, rue Visconti, et rue Bonaparte, 20.

EXPOSITIONS :

PARTICULIÈRE	**PUBLIQUE**
Le Samedi 25 Mars 1876.	Le Dimanche 26 Mars 1876.

CONDITIONS DE LA VENTE

Elle sera faite au comptant.

Les adjudicataires payeront *cinq pour cent* en sus des enchères.

Ce Catalogue se distribue

A PARIS

<table>
<tr><td>Mᵉ CHARLES PILLET
COMMISSAIRE-PRISEUR
10, rue de la Grange-Batelière, 10</td><td>M. HARO, ✳
PEINTRE-EXPERT
14, rue Visconti, et rue Bonaparte, 20</td></tr>
</table>

Paris. — Impr. Pillet fils aîné, rue des Grands-Augustins, 5.

DÉSIGNATION

MARBRES

1 — Judith.

Statue, grandeur naturelle.

2 — Jeune fille caressant un chevreau.

Grandeur naturelle.

3 — La Déception.

Statue, grandeur naturelle.

4 — Une première pensée.

Réduction d'une statue achetée par le gouvernement pour le musée de Marseille.

5 — Bacchus enfant tourmenté par une nymphe.

6 — Tête de Christ.

7 — Tête de Vierge.

TERRES CUITES

8 — Loth et ses filles.

9 — Céphale et Procris.

> Petit modèle du groupe en marbre qui a remporté la première médaille d'or en 1839; ce groupe a été acheté à l'exposition de Londres.

10 — Silène et la nymphe Églé.

> Petit groupe.

11 — L'Education de Phanor.

> Petit groupe.

12 — Pâtre jouant avec une chevrette.

13 — Saint Sébastien.

Esquisse.

14 — Passionnément; jeune fille effeuillant une marguerite.

15 — Pas du tout; jeune fille effeuillant une marguerite.

16 — La Vierge consolatrice.

Grande esquisse.

17 — Une première pensée.

Petit modèle.

26 — Enfant tourmenté par une nymphe.

Le marbre appartient à M. Say.

27 — David combattant Goliath.

Le marbre acheté par le gouvernement est au musée de Troyes.

Reproduction réservée.

28 — Buste de Pie IX.

Fait d'après nature par l'auteur, en 1859.

29 — Buste de Galilée attribué à Michel-Ange.

30 — Ah ! qu'elle est froide ! Jeune baigneuse.

31 — Je l'ai trouvée bonne ! Jeune baigneuse.

32 — Enfants jouant avec une chèvre.

33 — Un faucheur aiguisant sa faulx.

34 — L'Innocence.

Petit modèle.

35 — Envolés.

Petit modèle.

36 — L'Amour désarmé.

37 — L'Amour cherchant à vaincre la Fidélité.

38 — Une Alsacienne.

Petit groupe.

39 — La Colère.

Petit buste.

40 — La Tristesse.

Petit buste.

41 — Le Plaisir.

Petit buste.

42 — Jeunes enfants caressant un chevreau.

Petit modèle.

43 — Nymphe et satyre.

44 — Les Petits dénicheurs.

PLATRES

45 — Un Faucheur.

Statue, grandeur naturelle.

46 — La Pêche.

Groupe en plâtre, grandeur naturelle.

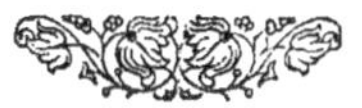